Dieses Buch gehört:

Julia Volmert

Du gehörst zu uns

oder

Jeder ist ein bisschen anders

albarello

Balduin Bär ist mit seinen Freunden zum Spielen verabredet.
Aber gerade hat die Elster ihn ausgelacht. „Himbärchen" hat
sie ihn genannt! Nur, weil er eine rote Knubbelnase hat.
Jetzt hat Balduin Angst, dass ihn auch die anderen Tiere auslachen.
Bestimmt will keiner mit einem Knubbelnasenbären befreundet sein.

„Am besten verstecke ich mich, dann kann niemand über meine Nase lachen", denkt Balduin Bär und klettert in die Baumkrone, wo ihn keiner sieht.

„He, pass auf, wirf meinen Kobel nicht herunter!", ruft Ena Eichhörnchen.
„Entschuldigung, ich habe nicht gesehen, dass hier jemand wohnt", sagt Balduin.
„Ich hatte mich ja auch in meinem Nest versteckt, damit mich keiner sieht", antwortet das Eichhörnchen.
„Du versteckst dich auch?", fragt der Bär verwundert.
„Ja, weil die Elster mich ‚Eichtönnchen' genannt hat", sagt das Eichhörnchen.
„Die Elster hat mich ausgelacht, weil ich dick bin."

„Und mich hat die Elster ‚Himbärchen' genannt, weil ich eine rote Knubbelnase habe." Balduin wird ganz traurig, als er das sagt.

„Du hast doch bloß eine rote Nase – die kann man unter einem Blatt verstecken!", tröstet das Eichhörnchen. „Aber ich – ich kann das nicht. Meinen Bauch sieht man immer."

„Meinst du, das mit dem Blatt funktioniert?", fragt Balduin und klettert da hin, wo die größten Blätter sind – groß genug, um eine Bärennase zu verstecken.

„Komm, ich helfe dir", sagt das Eichhörnchen und drückt ein großes Blatt auf die Bärennase.

Balduin Bär freut sich.
Doch dann kommt eine starke Windböe und das Blatt fliegt davon.
„So geht es nicht", sagt Balduin enttäuscht.

„Dann probieren wir etwas anderes aus", sagt Ena. „Ich habe da einige gute Ideen!"
Ena malt die Nase ganz bunt an – aber das gefällt Balduin nicht.

Nun klebt Ena Federn auf die Nase.
Aber die kitzeln furchtbar!

Dann wickelt das Eichhörnchen einen Verband um die Knubbelnase.
„Ich krieg ganz schlecht Luft!", beschwert sich Balduin.

Auch ein Pflaster hilft nicht.

„Eine Idee habe ich noch", sagt Ena und rührt einen klebrigen Brei an.
„Was ist denn das?", will Balduin wissen.
„Das ist Blaubeerpampe mit Kohle. Halt mal still!" Ena schmiert die Pampe auf Balduins Nase.

„Au prima – jetzt hast du eine richtig schöne, dunkle Bärennase", sagt Ena zufrieden.
„Wirklich? Das muss ich mir anschauen", sagt Balduin Bär und läuft zum Bootssteg. Er legt sich auf den Bauch und schaut sein Spiegelbild an.
„Tatsächlich – ich sehe wirklich wie ein ganz normaler Bär aus! So wird mich bestimmt keiner mehr ärgern", sagt Balduin hochzufrieden.
„Allerdings juckt es ein bisschen auf der Nase."

„Weißt du was?", sagt Balduin. „Ich habe eine Idee, wie du dünner aussiehst!" Und schon spritzt Balduin Bär das Eichhörnchen von oben bis unten nass.
„Igitt – hör auf!", schreit Ena. Doch plötzlich sieht sie ihr Spiegelbild im Wasser. Das wuschelige Fell liegt glatt an und das Eichhörnchen sieht viel dünner aus.
„Das ist ja toll – juhu!", sagt das Eichhörnchen. „Du musst mich immer nass machen, damit ich mich nicht mehr verstecken muss."
„Das mache ich gerne", sagt Balduin, der eine alte Gießkanne im Schilf gefunden hat.

„He – warum machst du das arme Eichhorn nass?", ruft die Eule den beiden nach.
Aber das hören Ena und Balduin nicht mehr – sie wollen schnell zu ihren Freunden.

Die anderen staunen nicht schlecht, als Balduin Bär mit seiner angemalten Nase und Ena Eichhörnchen pitschpudelnass zum Spielen kommen.

„Wie seht ihr denn aus?", fragt der Dachs.

„Ich wollte eine schwarze Bärennase haben, damit keiner über meine rote Himbeernase lacht", sagt Balduin Bär. „Ena hat mir geholfen. Dafür habe ich sie nass gemacht, damit sie dünner aussieht."

„Also unseretwegen hättet ihr das nicht machen müssen", sagt der Hase. „Ich hab doch auch eine rote Nase – das haben alle in unserer Familie."
„Ihr müsstet meinen Onkel Willibert sehen – der ist wirklich dick!", sagt das kleine Wildschwein.
„Und ihr spielt weiter mit mir, auch wenn ich etwas anders bin?", fragt Balduin.
„Na klar!", rufen alle. „Du gehörst doch zu uns, Balduin Bär. Du bist einfach du. Und deine rote Nase gehört dazu! Du bist eben ein besonderer Bär!"
„Dann lacht ihr auch nicht über mich, oder?", fragt der Dachs und setzt ein bisschen verschämt seine Brille auf.
„Bestimmt nicht", sagt der Hase. „Auslachen ist doch doof!"

Da wischt sich Balduin Bär die juckende Blaubeerpampe mit Kohle von der roten Nase und Ena Eichhörnchen setzt sich in die Sonne, bis das Fell wieder gemütlich wuschelig und trocken ist.

„Pah – das ist ja eine tolle Truppe!", ruft da plötzlich die Elster. Sie ist unbemerkt herangeflattert und fliegt jetzt kreischend und kichernd um die Freunde herum. „Da sind ja das Himbärchen und das Eichtönnchen. Wollt ihr etwa mit denen spielen?"
„Na klar – das sind doch unsere Freunde!", sagt der Hase.

„Natürlich, du Böhnchenkacker, die passen zu dir!", krächzt die Elster. „Und zu euch auch, Steckdosenrüssel und Brillenschlange!"
„Weißt du, was meine Mama immer sagt?", sagt da der Hase. „Wer andere auslacht, spielt meist allein!"

„Pah – mit euch spiele ich sowieso nicht!", schimpft die Elster und hüpft davon.
Und die Freunde spielen auf der großen Wiese – so lange, bis die Sonne untergeht.

Und dann sitzen sie noch lange zusammen, erzählen sich Geschichten und schauen zu, wie der Mond aufgeht. „Treffen wir uns morgen?", fragt Balduin Bär.
„Natürlich! Du gehörst doch zu uns! Wir halten alle zusammen", sagt der Hase.
„Und ich darf auch mitmachen?", fragt Ena Eichhorn.
„Klar", sagt der Dachs. „Bei uns kann jeder so sein, wie er ist. Und das ist gut so!"

Julia Volmert

wurde 1965 in Warburg geboren. Sie studierte unter anderem Visuelle Kommunikation und hat schon viele Bücher für Kinder geschrieben, von denen einige auch in andere Sprachen übersetzt wurden.

Originalausgabe, 18. Auflage 2025
ISBN 978-3-86559-089-3

Albarello Verlag GmbH, Bahnstraße 17a, 42781 Haan
email@albarello.de, www.albarello.de

Weitere starke Bilderbuch-Hits von Julia Volmert:

„EIN RUCKSACK VOLLER GLÜCK"
Ein Bilderbuch zum Thema:
Glücklich sein
Julia Volmert (Text)
Elke Broska (Illustration)
ab 3, 32 Seiten, Fester Einband
22,5 x 28,5 cm, Originalausgabe
mit 5 Glückspostkarten (DIN A6)
ISBN: 978-3-86559-082-4

Heute ist mal wieder so ein Tag, an dem Mia und Flo alles blöd finden. Deshalb sind die Kinder heute richtig schlecht gelaunt und maulen herum. Da erzählt ihnen ihre Mutter von der Sache mit dem Glücksrucksack: „Stellt euch vor, dass jeder Mensch – vom Baby bis zum Opa – einen unsichtbaren Rucksack mit sich herumträgt. Darin sind gute und auch schlechte Gefühle. Wenn dein Rucksack voller glücklicher Gefühle und guter Gedanken ist, fühlst du dich, als ob du Flügel hättest. Alles fällt dir leicht, es geht dir gut."
Flo nickt: „Und wenn du schlechte Gedanken und Gefühle hast?"
„Dann fühlst du dich so schwer, als müsstest du eine Ladung Steine mit dir herumschleppen", sagt Mama. „Aber gegen schlechte Laune können wir etwas tun!" So entdecken Mia und Flo, wie sie ihren Glücksrucksack mit guten Gedanken und Gefühlen füllen können, sodass sie wieder fröhlich und glücklich sind.

Mit Glückspostkarten und zusammenfassenden Tipps im Buch!

„EDDY SUCHT SEINEN TEDDY"
Julia Volmert
(Text und Illustration)
ab 3, 32 Seiten, Fester Einband,
30,3 x 21,6 cm
Bilderbuch
Originalausgabe
ISBN: 978-3-86559-089-3

Elefant Eddy hat seinen Teddy verloren und sucht nun Seite für Seite sein Lieblingskuscheltier. Dabei erlebt er ein Wechselbad unterschiedlichster Gefühle. Mal ist er traurig, dann wieder hoffnungsvoll, dass er seinen Teddy bald findet, dann wieder enttäuscht, wenn der Teddy doch nicht da ist.
In diesem liebenswerten Bilderbuch werden auf jeder Doppelseite die wichtigsten Gefühle gegenübergestellt. So lernt Eddy, immer zusammen mit seinem Freund, dem Hasen, seine Gefühle und Launen zu erkennen und zu benennen. Schließlich bekommt Eddy seinen Teddy wieder und ist sehr, sehr GLÜCKLICH.

Für Kinder ist es wichtig, sich über ihre Empfindungen klar zu werden. Dieses Buch hilft Kindern, ihre Gefühle und Emotionen zu benennen. Nur wenn man eigene Gefühle richtig zuordnen kann, kann man diese auch bei anderen erkennen und angemessen damit umgehen.

Ein wunderbares, neues Bilderbuch von JULIA VOLMERT.

„EIN GESCHENK FÜR DICH
oder Das schönste Geschenk
bist du"
Julia Volmert
(Text und Illustration)
ab 3, 32 Seiten, Fester Einband,
22,5 x 28,5 cm, Bilderbuch
Originalausgabe
ISBN: 978-3-86559-103-6

Balduin, der Bär mit der roten Nase, hat es ganz schön schwer! Er bastelt, sägt und hämmert bis spät in die Nacht, denn er möchte Ena Eichhörnchen etwas ganz Tolles zum Geburtstag schenken.
Aber alles geht so richtig schief! Die Perlen fallen ihm von der Kette, das Flugzeug landet im Baum, die Blumen vertrocknen ...
Am Tag von Enas Geburtstag kommen alle Tiere zu ihrer Party, nur Balduin nicht. Ob er sich nicht traut, weil er kein Geschenk hat?
Aber Ena möchte ohne ihn gar nicht feiern. Als sie Balduin gefunden hat und Balduin ihr von seinen Missgeschicken berichtet, sagt sie zu ihm: „Das schönste Geschenk bist du!"
Denn ohne Freunde ist alles nichts!
Und zu guter Letzt hat Balduin doch noch eine tolle Überraschung ...

Eine einfühlsame Bilderbuchgeschichte über echte Freundschaft und das, was wirklich zählt!